Rising Above The Noise

Rising Above The Noise

ELEVANDOSE POR ENCIMA DEL RUIDO

Jonathan Lopez

RISING ABOVE THE NOISE
ELEVANDOSE POR ENCIMA DEL RUIDO

iUniverse books may be ordered through booksellers or by contacting:

iUniverse
1663 Liberty Drive
Bloomington, IN 47403
www.iuniverse.com
844-349-9409

ISBN: 978-1-6632-6197-7 (sc)
ISBN: 978-1-6632-6198-4 (e)

Library of Congress Control Number: 2024907169

Print information available on the last page.

iUniverse rev. date: 04/09/2024

Introduction

Adjust your crown and rise above the noise of life. In a world filled with distractions and chaos, it is crucial that you maintain your stand and remain levelheaded. Just like a crown sits gracefully on your head, it symbolizes your inner strength, resilience, and God's calling; we were created with a purpose, we are called to be limitless, the only limitation is created by you.

In the middle of the noise and chaos, it is easy to lose sight of your true worth and potential. The noise can be overwhelming, drowning out your own voice and causing you to doubt yourself. But remember, you are the ruler of your own destiny, and it is within your power to rise above it all. That power was given to you by God!

Adjusting your crown signifies a conscious decision to take control of your life. It is a reminder to hold your head high and embrace the Queen or King that you truly are. It is not about arrogance or superiority, but rather an acknowledgment of your self-worth and the importance of self-care; being confident.

As you adjust your crown, you let go of the negativity and doubts that may have held you back, placing your trust in God. You release the opinions and judgments of others, understanding that their noise does not define you. Instead, you focus on your own journey, your own dreams, aspirations, and the Godly purpose given to you before birth.

About the Author

Jonathan Lopez was born in Puerto Rico in 1988. Jonathan served in the Military (Retired Army Staff Sergeant) and a local Sheriff's Office. In 2019 Jonathan published his first book "21 Days Myth" rated 5 stars on Amazon, Barnes & Noble and more; and in 2021 published his second book "30 Days of Darkness". He moved from Puerto Rico to the states in 2013, started from zero and is continuously building a legacy to include a Firearms Academy and a Non-Profit Organization to assist the community with job assistance. Jonathan joined Sparkles of Life a non-profit assisting victims of domestic violence and homelessness.

Jonathan is a father of one boy, he is always creating a positive atmosphere to those around him. Jonathan has been awarded on several occasions for his selfless actions. Some of his awards and recognitions are The Melbourne regional Chamber Valor Award and Congress recognition for saving a victim of domestic violence in 2018, Sheriff's Office Merit Award in 2017 and the Army Commendation Medal in 2016, and 2021.

★ CHAPTER 1 ★

Block Out the Distractions

How to Focus on What Really Matters

"I have two kinds of problems: the urgent and the important. The urgent are not important, and the important are never urgent."

— Dwight D. Eisenhower

In today's fast-paced world, people are constantly bombarded with distractions that can prevent them from achieving their goals and fulfilling their potential. From social media notifications to overflowing email inboxes, distractions can easily derail one's focus and productivity. However, by learning how to block out these distractions and focus on what really matters, individuals can achieve greater success and fulfillment in their personal and professional lives.

One of the first steps in blocking out distractions is identifying what they are. In many cases, distractions can be subtle and insidious, such as background noise or social media notifications; perhaps a situation you are going through. By taking stock of what distracts you the most, you can create a plan that effectively blocks out these distractions. This can include turning off notifications on your phone, setting aside specific times to check email or social media, and creating a quiet workspace that is free from distractions.

Another important aspect of blocking out distractions is learning how to prioritize tasks. This involves breaking down larger goals into smaller, more manageable tasks, and then focusing on the most important tasks first. By prioritizing tasks, individuals can ensure that they are focusing their time and energy on what really matters, rather than getting drained by less important tasks.

One effective strategy for prioritizing tasks is the Eisenhower Matrix, which involves categorizing tasks into urgent and important categories. Urgent tasks are those that require immediate attention, while important tasks are those that contribute to long-term goals and overall success. By prioritizing urgent and important tasks, individuals can ensure that they are focusing on what really matters and making progress towards their goals.

What is the Eisenhower Matrix?

The Eisenhower Matrix is a simple decision-making tool that helps you make the distinction between tasks that are important, not important, urgent, and not urgent. It splits tasks into four boxes that prioritize which tasks you should focus on first and which you should delegate or delete. (Victorino, 2023)

In addition to prioritizing tasks, it is important to create a schedule that maximizes productivity and minimizes distractions. For example, individuals can set aside specific times of the day for focused work, and then use other times for less demanding tasks or breaks. By creating a structured schedule, individuals can create a sense of routine and predictability that can help them stay focused and productive.

Another effective strategy for blocking out distractions is to create a distraction-free environment. This can involve creating a quiet workspace, turning off notifications on devices, and minimizing visual distractions such as clutter or bright colors. By creating an environment that is conducive to focus and productivity, individuals can reduce the temptation to engage in distracting activities and stay on task.

Finally, it is important to recognize that blocking out distractions is not always easy or straightforward. It requires discipline, focus, and a willingness to make difficult choices about how to spend one's time and energy. However, by staying committed to the goal of focusing on what really matters, you can achieve greater success and fulfillment in all areas of your life.

In conclusion, blocking out distractions and focusing on what really matters is a key component of achieving success and fulfillment in today's world. By prioritizing tasks, creating a structured schedule, and creating a distraction-free environment, individuals can maximize their productivity and achieve their goals. While it is not always easy, staying committed to the goal of blocking out distractions can yield significant rewards in the long run.

★ CHAPTER 2 ★

Overcoming Self-Doubt

Increasing Confidence and Belief in Yourself

"Be strong and courageous. Do not be afraid; do not be discouraged for the Lord your God is with you wherever you go."

— Joshua 1:9 NIV

Self-doubt can be a crippling emotion that prevents individuals from achieving their full potential. When one does not believe in themselves, they may hesitate to take risks, make decisions, or pursue their goals. However, by learning to overcome self-doubt, individuals can increase their confidence and belief in themselves, leading to greater success and fulfillment in all areas of their lives.

One of the first steps in overcoming self-doubt is to identify the root causing this emotion. Self-doubt can stem from a variety of sources, such as past failures, negative feedback from others, or comparisons to others. By understanding the specific triggers of self-doubt, individuals can start to develop strategies for overcoming this emotion and building confidence in themselves.

One effective strategy for overcoming self-doubt is to focus on one's strengths and accomplishments. This involves looking back on past successes and recognizing the skills and qualities that enabled those successes.

Are you better today than 10 years ago?

Are you better today than 3 years ago?

By focusing on one's strengths, individuals can build confidence in their abilities and increase their belief in themselves. They can also use these strengths to tackle challenges and pursue new opportunities.

Another important aspect of overcoming self-doubt is learning to reframe negative thoughts and beliefs. When one experiences self-doubt, they may engage in negative self-talk or focus on their perceived weaknesses. By learning to reframe these negative thoughts, individuals can shift their focus to more positive and constructive beliefs about themselves. For example, instead of thinking

"I'm not good enough," you can reframe this thought to

"I have the skills and experience to succeed."

Or,

"I have been through this before, I got this."

Building a support system can also be a key factor in overcoming self-doubt. This can involve reaching out to friends, family, spiritual group, or colleagues who can provide encouragement, feedback, and support. By surrounding yourself with positive and affirming people, you can build a network of support that can help you overcome self-doubt and achieve your goals.

Another effective strategy for overcoming self-doubt is to act and face one's fears. When one is experiencing self-doubt, they may avoid taking risks or pursuing new opportunities. However, by acting and facing one's fears, individuals can build confidence in their abilities and increase their belief in themselves. This can involve setting small goals and taking steps towards achieving them or pushing oneself outside of their comfort zone to try new things.

Finally, it is important to recognize that overcoming self-doubt is an ongoing process. It may take time and effort to build confidence and belief in oneself, and setbacks may occur along the way. However, by staying committed to the goal of overcoming self-doubt, individuals can achieve greater success and fulfillment in all areas of their lives.

In conclusion, self-doubt can be a powerful emotion that can prevent individuals from achieving their full potential. However, by identifying the root causes of self-doubt, focusing on one's strengths, reframing negative thoughts, building a support system, acting, and staying committed to the goal of overcoming self-doubt, individuals can increase their confidence and belief in themselves. This can lead to greater success and fulfillment in all areas of their lives.

★ CHAPTER 3 ★

Igniting Your Passion

Finding Your Purpose

"But you are a chosen people, a royal priesthood, a holy nation, God's special possession, that you may declare the praises of him who called you out of darkness into his wonderful light."

1 Peter 2:9 NIV

Many people go through life feeling unfulfilled and lacking direction, unsure of what they want to do with their lives. However, by igniting their passion and finding their purpose, individuals can create a life that is meaningful and fulfilling. Here are some strategies for finding one's passion and purpose and turning dreams into reality.

The first step in igniting one's passion is to identify what truly excites and motivates them. This may involve exploring different interests and activities, trying new things, and reflecting on past experiences. By paying attention to what brings them joy and fulfillment, individuals can begin to identify their passions and what they want to pursue.

Once one has identified their passions, they can begin to explore how to turn those passions into a purpose. This may involve setting goals and creating a plan for achieving them, such as pursuing education or training in a particular field, networking with others in the industry, or starting a business or project that aligns with their passions. By having a clear purpose and direction, individuals can stay motivated and focused on achieving their goals.

Another important aspect of igniting one's passion and finding their purpose is to overcome any obstacles or limiting beliefs that may be holding them back. This may involve challenging negative self-talk, seeking support and guidance from others, and stepping outside of their comfort zone. By facing their fears and taking calculated risks, individuals can build the confidence and resilience needed to pursue their passions and achieve their goals.

It is also important to recognize that finding one's passion and purpose may be an ongoing process. As individuals grow and change, their passions and goals may also shift. It is important to remain open to new experiences and opportunities, and to be willing to adjust one's plans and goals as needed.

Finally, it is important to cultivate a mindset of gratitude and positivity. By focusing on the positive aspects of one's life and achievements, individuals can maintain a sense of motivation and purpose. They can also use gratitude as a tool for overcoming challenges and setbacks, recognizing the progress they have made and the lessons they have learned.

In conclusion, igniting one's passion and finding their purpose is a key component of creating a fulfilling and meaningful life. By identifying their passions, setting goals, overcoming obstacles, and cultivating a mindset of gratitude and positivity, individuals can turn their dreams into reality and achieve their full potential.

★ CHAPTER 4 ★

Embracing Failure

Learning from it and Moving Forward

"The secret of life is to fall seven times
and to get up eight times."

— Paulo Coelho

Failure is an inevitable part of life, and it can be a difficult and painful experience for many people. However, by embracing failure, learning from it, and moving forward, individuals can turn setbacks into opportunities for growth and success. Here are some strategies to embrace failure and using it as a catalyst for personal and professional development.

STEP 1

The first step in embracing failure is to **reframe one's mindset around it.** Rather than seeing failure as a negative and shameful experience, individuals can view it as an opportunity for learning and growth. By recognizing that failure is a natural part of the learning process, individuals can approach it with a sense of curiosity and openness, rather than fear and avoidance.

STEP 2

Another important aspect of embracing failure is to **take responsibility** for one's mistakes and learn from them. This may involve reflecting on what went wrong, identifying areas for improvement, and developing a plan for moving forward. By taking ownership of one's failures, individuals can gain valuable insights and skills that can help them avoid similar mistakes in the future.

STEP 3

It is also important to **seek feedback** and support from others when experiencing failure. This may involve reaching out to mentors, colleagues, or friends for guidance and advice, or seeking professional help if needed. By connecting with others and learning from their experiences, individuals can gain new perspectives and insights that can help them navigate future challenges.

STEP 4

Another effective strategy for embracing failure is to **develop a growth mindset.** This involves believing that one's abilities and skills can be developed and improved over time, rather than being fixed and unchangeable. By adopting a growth mindset, individuals can view failure as an opportunity for growth and development, rather than a reflection of their inherent abilities or worth.

Finally, it is important to recognize that embracing failure is an ongoing process. It takes time and effort to develop a healthy and positive relationship with failure; setbacks and challenges may continue to arise. However, by staying committed to the process of learning and growth, individuals can turn failure into a powerful tool for personal and professional development.

In conclusion, embracing failure is a key component of personal and professional growth. By reframing one's mindset around failure, taking responsibility for mistakes, seeking feedback and support, developing a growth mindset, and staying committed to the process of learning and growth, individuals can turn setbacks into opportunities for success and fulfillment. By embracing failure and using it as a catalyst for growth, individuals can achieve their full potential and create a life that is meaningful and fulfilling.

★ CHAPTER 5 ★

The Power of Positive Thinking

Cultivating a Growth Mindset

"You are always a student, never a master.

You have to keep moving forward."

— Conrad Hall

The way we think about ourselves, and our abilities can have a profound impact on our lives. Those who have a growth mindset believe that their abilities and intelligence can be developed through hard work and dedication, while those with a fixed mindset believe that their abilities are predetermined and cannot be changed. Cultivating a growth mindset and practicing positive thinking can lead to greater success, increased resilience, and a more fulfilling life.

One of the key aspects of cultivating a growth mindset is to focus on the process rather than the outcome. This means setting goals and working towards them with a focus on the effort and progress made, rather than solely on the result. By valuing the process and the learning that comes with it, individuals can develop a sense of resilience and persistence that can help them overcome setbacks and challenges.

Another important aspect of cultivating a growth mindset is to embrace challenges and view them as opportunities for growth. Rather than avoiding difficult tasks or situations, individuals with a growth mindset see them as chances to learn and develop new skills. By approaching challenges with a sense of curiosity and openness, individuals can develop a sense of confidence and competence that can help them navigate future obstacles.

It is also important to practice positive self-talk and to focus on one's strengths and achievements. This involves recognizing and celebrating one's accomplishments, no matter how small, and reframing negative self-talk into positive and empowering messages. By focusing on one's strengths and achievements, individuals can build a sense of self-efficacy and confidence that can help them overcome self-doubt and negative beliefs.

Another effective strategy for cultivating a growth mindset is to seek out feedback and support from others. This may involve seeking guidance from mentors or colleagues or seeking out opportunities for constructive feedback and learning. Constructive criticism is an important too, we must be like a sponge and absorb new information specially from people who can provide different perspectives. By connecting with others and learning from their experiences, individuals can gain new perspectives and insights that can help them grow and develop.

Finally, it is important to maintain a sense of optimism and resilience even in the face of setbacks and challenges. This may involve reframing negative experiences into positive ones, focusing on the lessons learned and the opportunities for growth that come with them. By maintaining a positive outlook and a sense of hope, individuals can overcome adversity and achieve their goals.

In conclusion, cultivating a growth mindset and practicing positive thinking can have a profound impact on one's life. By focusing on the process rather than the outcome, embracing challenges, practicing positive self-talk, seeking feedback and support, and maintaining a sense of optimism and resilience, individuals can achieve greater success, increased resilience, and a more fulfilling life. By cultivating a growth mindset and embracing positive thinking, individuals can unlock their full potential and create a life that is meaningful and fulfilling.

★ CHAPTER 6 ★

Building Resilience

How to Bounce Back from Adversity and Thrive

"Do not judge me by my success, judge me by how many times I fell down and got back up again."

— Nelson Mandela

Life is full of challenges and setbacks, and it is inevitable that we will all face adversity at some point in our lives. The ability to bounce back from these challenges and thrive in the face of adversity is known as resilience. Building resilience is an essential skill for navigating life's ups and downs and can lead to greater success, happiness, and fulfillment. Here are some strategies for building resilience and bouncing back from adversity.

The first step in building resilience is to develop a growth mindset. This means believing that challenges and setbacks are opportunities for growth and learning, rather than insurmountable obstacles. By adopting a growth mindset, individuals can approach adversity with a sense of curiosity and openness, rather than fear and avoidance.

Another important aspect of building resilience is to practice self-care and prioritize mental and physical health. This may involve engaging in activities that promote relaxation and stress reduction, such as meditation or exercise, or seeking out professional help if needed. By taking care of one's mental and physical health, individuals can build a sense of resilience and strength that can help them navigate future challenges.

It is also important to cultivate a strong support system of friends, family, and colleagues. This may involve reaching out for help and support when facing adversity, or simply staying connected with loved ones on a regular basis. By building strong relationships and connections with others, individuals can gain a sense of belonging and support that can help them bounce back from adversity.

Another effective strategy for building resilience is to practice mindfulness and gratitude. This involves staying present in the moment and focusing on the positive aspects of life, even in the face of adversity. By practicing mindfulness and gratitude, individuals can develop a sense of perspective and resilience that can help them overcome setbacks and challenges.

It is also important to set realistic goals and practice perseverance. This means breaking down large goals into smaller, achievable steps, and working consistently towards them. By setting realistic goals and persevering through challenges and setbacks, individuals can develop a sense of resilience and determination that can help them overcome future obstacles.

Finally, it is important to stay flexible and adaptable in the face of change and uncertainty. This may involve developing new skills or strategies to adapt to changing circumstances, or simply staying open to new opportunities and experiences. By staying flexible and adaptable, individuals can build a sense of resilience and creativity that can help them thrive in the face of adversity.

In conclusion, building resilience is an essential skill for navigating life's challenges and setbacks. By developing a growth mindset, practicing self-care, and prioritizing mental and physical health, cultivating a strong support system, practicing mindfulness and gratitude, setting realistic goals, and practicing perseverance, and staying flexible and adaptable, individuals can build a sense of resilience and strength that can help them thrive in the face of adversity. By building resilience, individuals can unlock their full potential and create a life that is meaningful and fulfilling.

CHAPTER 7

Staying Motivated

Strategies for Maintaining Drive and Momentum

"Motivation is a great tool to accomplish a task,

But discipline will get you to your goal despite how

you feel or how temping it may be to abandon it."

— Jonathan Lopez

Maintaining motivation and momentum towards our goals can be a challenge, especially in the face of obstacles and setbacks. However, staying motivated is essential for achieving success and fulfillment in our personal and professional lives. Here are some strategies for staying motivated and maintaining drive and momentum towards our goals.

The first step in staying motivated is to set clear and meaningful goals. This means identifying what we want to achieve, why we want to achieve it, and how we plan to get there. By setting clear and meaningful goals, we can develop a sense of purpose and direction that can help us stay motivated and focused.

Another important aspect of staying motivated is to break down large goals into smaller, achievable steps. This means setting short-term goals that lead towards our larger objectives and celebrating our progress along the way. By breaking down our goals into smaller, manageable steps, we can build momentum and maintain motivation towards our objectives.

It is also important to develop a positive mindset and to practice positive self-talk. This means reframing negative thoughts and beliefs into positive and empowering messages and focusing on our strengths and achievements. By developing a positive mindset and practicing positive self-talk, we can build a sense of confidence and motivation that can help us overcome self-doubt and negative beliefs.

Another effective strategy for staying motivated is to stay connected to our values and passions. This means identifying what is most important to us and aligning our goals and actions with these values and passions. By staying connected to our values and passions, we can develop a sense of purpose and inspiration that can help us stay motivated and passionate about our goals.

It is also important to practice self-care and prioritize our mental and physical health. This may involve engaging in activities that promote relaxation and stress reduction, such as meditation or exercise, or seeking out professional help if needed. By taking care of our mental and physical health, we can build a sense of resilience and strength that can help us stay motivated and focused on our goals.

Another effective strategy for staying motivated is to seek out support and accountability from others. This may involve connecting with mentors, coaches, or colleagues who can provide guidance and feedback, or joining a community of like-minded individuals who share our goals and passions. By seeking out support and accountability from others, we can build a sense of connection and motivation that can help us stay focused and driven towards our objectives.

Finally, it is important to stay flexible and adaptable in the face of obstacles and setbacks. This may involve adjusting our goals or strategies to better align with changing circumstances, or simply staying open to new opportunities and experiences. By staying flexible and adaptable, we can build a sense of resilience and creativity that can help us overcome obstacles and maintain momentum towards our goals.

In conclusion, staying motivated and maintaining drive and momentum towards our goals is essential for achieving success and fulfillment in our personal and professional lives. By setting clear and meaningful goals, breaking them down into smaller achievable steps, developing a positive mindset and practicing positive self-talk, staying connected to our values and passions, practicing self-care and prioritizing our mental and physical health, seeking out support and accountability from others, and staying flexible and adaptable, we can build a sense of motivation and momentum that can help us achieve our objectives and create a life that is meaningful and fulfilling.

★ CHAPTER 8 ★

Surrounding Yourself with Support

Finding Your Tribe and Building Relationships

"Make sure everybody in your "Boat" is rowing and not drilling holes when you're not looking. Know your circle."

In the previous chapters I constantly touched based on having a support group as part of your plan to achieve success. On this chapter I will dive deeper for you to fully understand the importance of building a community a tribe.

Humans are social creatures, and we thrive when we are surrounded by supportive and loving relationships. Building strong connections with others can provide us with a sense of belonging, support, and happiness. Here are some strategies for finding your tribe and building strong relationships.

The first step in building strong relationships is to identify what you are looking for in a relationship. This means thinking about the qualities and characteristics that are important to you in a friend, partner, or community. By identifying your values and priorities, you can begin to seek out individuals or groups who align with these values and priorities.

Another important aspect of building strong relationships is to be open and vulnerable with others. This means sharing your thoughts, feelings, and experiences with others and being receptive to their perspectives and experiences. By being open and vulnerable, you can build trust and intimacy with others and develop deeper and more meaningful connections.

It is also important to engage in activities that align with your interests and passions. This may involve joining a sports team, taking a class, or attending a community event. By engaging in activities that align with your interests and passions, you can connect with individuals who share similar values and experiences.

Another effective strategy for building strong relationships is to seek out mentorship and guidance from others. This may involve connecting with a mentor or coach who can provide guidance and support, or seeking out a community of like-minded individuals who can provide feedback and encouragement. By seeking out mentorship and guidance from others, you can build a sense of connection and support that can help you achieve your goals and navigate life's challenges.

"In today's dynamic and ever-evolving business climate, a combination of both hard and soft skills is essential for successfully navigating the path forward. If you are just starting out and looking for guidance, having a mentor is a perfect resource for learning the best strategies to accomplish this.

So, who is a mentor? A mentor is someone with knowledge and experience in your desired field who is willing to share this knowledge to help you achieve your goals. Ideally, a mentor will have achieved the level of success you hope to achieve for yourself and will be able to challenge and push you in ways others can't.

To maximize the success of this relationship, the mentee should come in with an open mind, be willing to learn and, most importantly, put in the required work. For the mentor, the most critical element is offering valuable insight and guidance while demonstrating care and understanding for the mentee.

Why is mentorship important?

Establishing a mentorship relationship can provide mentees with immense advantages, such as new knowledge, expanded networks and the ability to advance their career. Having a mentor is more than just setting and achieving goals; it's about having someone in your corner who can provide valuable feedback, encouragement, and support to help you grow both professionally and personally." (Koifman, 2023)

It is also important to practice active listening and empathy in your relationships. This means listening to others without judgment or interruption and seeking to understand their perspective and experiences. By practicing active listening and empathy, you can build stronger connections with others and deepen your understanding of their thoughts and feelings.

Another effective strategy for building strong relationships is to practice gratitude and appreciation for others. This means expressing gratitude and appreciation for the people in your life and the ways in which they support and enrich your life. By practicing gratitude and appreciation, you can build a sense of connection and support with others and strengthen your relationships.

Finally, it is important to be patient and persistent in your efforts to build strong relationships. Building strong connections with others takes time and effort, and it may involve some trial and error along the way. By being patient and persistent, you can develop deeper and more meaningful connections with others that will provide you with lasting support and happiness.

In conclusion, building strong relationships and finding your tribe is essential for a happy and fulfilling life. By identifying your values and priorities, being open and vulnerable, engaging in activities that align with your interests and passions, seeking out mentorship and guidance, practicing active listening and empathy, practicing gratitude and appreciation, and being patient and persistent, you can build strong connections with others that will provide you with a sense of belonging, support, and happiness.

★ CHAPTER 9 ★

Taking Risks

Embracing Change and Stepping Outside Your Comfort Zone

The biggest risk is not taking any risk... In a world that changing really quickly, the only strategy that is guaranteed to fail is not taking risks.

— Mark Zuckerberg

DO NOT stay in the comfort zone! humans like to be comfortable by nature, but you have to get out of the comfort zone in order to see growth and success. We must take risks and not overthink; overthinking will keep you stagnant.

I had to train myself to stop over thinking about things in life and that's why I take risks and win. I should be more specific and say, "calculated risks."

The risk allows me to gain more.

Can I lose?

Absolutely

But it's 100% worth it.

You're meant to do way more,

Stop overthinking.

Don't try to have a perfect plan, you will adapt and overcome as you go.

Most of the greatest inventions did not happened as an accident, there was a vision, and a plan to accomplish.

The Wright brothers did not wait to have the perfect plane, they worked and adjusted until they were able to take off. If they waited for the perfect plane

We will not be flying today, and their name wouldn't have been in the history books.

Taking risks is an essential part of personal growth and development. By stepping outside our comfort zones and embracing change, we can discover new opportunities, learn new skills, and achieve our goals. Here are some strategies for taking risks and embracing change in your life.

The first step in taking risks is to identify your goals and aspirations. This means thinking about what you want to achieve in your personal and professional life, and identifying the steps you need to take to get there. By setting clear and meaningful goals, you can develop a sense of purpose and direction that can motivate you to take risks and embrace change.

Another important aspect of taking risks is to cultivate a growth mindset. This means embracing challenges and seeing them as opportunities for growth and learning, rather than as threats or obstacles. By cultivating a growth mindset, you can develop a sense of resilience and creativity that can help you navigate uncertainty and overcome obstacles.

It is also important to be open to new experiences and perspectives. This may involve stepping outside your comfort zone and trying new things or seeking out new perspectives and ideas from others. By being open to new experiences and perspectives, you can broaden your horizons and discover new opportunities for personal and professional growth.

Another effective strategy for taking risks is to develop a support system. This may involve seeking out mentors or coaches who can provide guidance and feedback, or connecting with a community of individuals who share your goals and aspirations. By developing a support system, you can build a sense of connection and accountability that can help you stay motivated and focused on your goals.

It is also important to practice self-care and prioritize your mental and physical health. This may involve engaging in activities that promote relaxation and stress reduction, such as meditation or exercise, or seeking out professional help if needed. By taking care of your mental and physical health, you can build a sense of resilience and strength that can help you navigate challenges and take risks.

Another effective strategy for taking risks is to break down large goals into smaller, achievable steps. This means setting short-term goals that lead towards your larger objectives and celebrating your progress along the way. By breaking down your goals into smaller, manageable steps, you can build momentum and maintain motivation towards your objectives.

Finally, it is important to remember that taking risks involves a degree of uncertainty and unpredictability. While this can be intimidating, it is also an essential part of growth and discovery. By embracing uncertainty and stepping outside your comfort zone, you can discover new opportunities and achieve your full potential.

In conclusion, taking risks and embracing change is essential for personal growth and development. By identifying your goals and aspirations, cultivating a growth mindset, being open to new experiences and perspectives, developing a support system, practicing self-care, and prioritizing your mental and physical health, breaking down large goals into smaller achievable steps, and embracing uncertainty, you can take risks and achieve your full potential.

★ CHAPTER 10 ★

Creating Your Own Path

How to Forge Your Own Way and Make a Difference

you don't have to follow the prescribed path

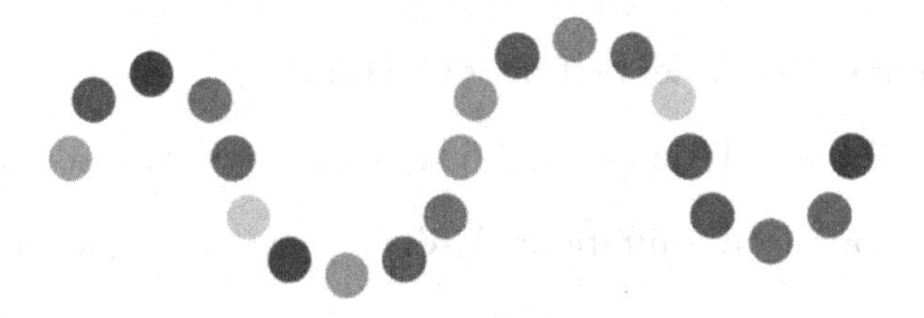

you can make a path that is uniquely your own

@newhappyco

So many of us get caught up in trying to create The Perfect Life.

We've been told this is the path to happiness, right? Follow the prescribed path: milestones, experiences, titles, and possessions, and if you are 'good enough,' you will earn your happiness.

This is one of the core Old Happy myths that keeps us miserable. Taking the prescribed path will only make you happy if that is what you truly and authentically want.

What will make you happy? Making a path that is right for you.

Every self is utterly unique, which means that every life needs to be utterly unique. You are the only one who can define what a good life looks for you, it is yours to envision, craft, and refine. (TNH, n.d.)

We are all unique individuals with our own values, passions, and aspirations. Creating your own path in life means forging a way that aligns with your personal values and goals and making a difference in the world. Here are some strategies for creating your own path and making a difference.

The first step in creating your own path is to identify your personal values and goals. This means thinking about what is most important to you, what motivates you, and what you want to achieve in your personal and professional life. By identifying your personal values and goals, you can develop a sense of purpose and direction that can guide your decisions and actions.

Another important aspect of creating your own path is to be open to new opportunities and experiences. This means being willing to take risks, try new things, and pursue your passions. By being open to new opportunities and experiences, you can discover new paths and possibilities that align with your values and goals.

It is also important to cultivate a growth mindset and embrace challenges as opportunities for learning and growth. This means being willing to step outside your comfort zone and take on new challenges, even if they may be difficult or uncertain. By embracing challenges as opportunities for growth, you can develop the resilience and creativity needed to overcome obstacles and achieve your goals.

Another effective strategy for creating your own path is to seek out mentorship and guidance. This may involve connecting with a mentor or coach who can provide guidance and support, or seeking out a community of like-minded individuals who can offer feedback and encouragement. By seeking out mentorship and guidance, you can learn from the experiences of others and avoid common pitfalls.

It is also important to be persistent and resilient in pursuing your goals. This means staying focused and committed to your goals, even in the face of obstacles and setbacks. By being persistent and resilient, you can overcome challenges and achieve your objectives.

Another effective strategy for creating your own path is to give back to your community and make a difference in the world. This may involve volunteering your time and resources, advocating for causes that align with your values, or starting your own nonprofit or social enterprise. By giving back to your community and making a difference in the world, you can create a legacy that reflects your values and passions.

Finally, it is important to prioritize self-care and maintain a healthy work-life balance. This means taking care of your mental and physical health, setting boundaries, and prioritizing your time, and practicing relaxation and stress reduction techniques. By prioritizing self-care and maintaining a healthy work-life balance, you can sustain your energy and motivation over the long term.

In conclusion, creating your own path in life means forging a way that aligns with your personal values and goals, and making a difference in the world. By identifying your personal values and goals, being open to new opportunities and experiences, cultivating a growth mindset, seeking out mentorship and guidance, being persistent and resilient, giving back to your community, and prioritizing self-care and maintaining a healthy work-life balance, you can create a fulfilling and purposeful life that makes a difference in the world.

★ CHAPTER 11 ★

Imposter Syndrome

Understanding and Overcoming Self-Doubt

"You don't have to be an expert. No one is expecting you to be an expert. All you need to do is show up and be you."

— Ruth Soukup

The Imposter Syndrome is a psychological phenomenon discovered and studied in the 70's by psychologists Pauline Clance and Suzanne Imes; is a syndrome that affects individuals across various fields and professions. It is characterized by persistent feelings of self-doubt, inadequacy, and a fear of being exposed as a fraud, despite evidence of competence and accomplishments. I will delve deeper into the concept of imposter syndrome, its causes, manifestation, and explore strategies to overcome it.

1. Definition and Origins of Imposter Syndrome:

Imposter syndrome, also known as imposter phenomenon, was first identified in the 1970s by psychologists Pauline Clance and Suzanne Imes. It refers to a belief that one's achievements are the result of luck or deception rather than one's own abilities. This feeling of being an "imposter" can persist despite external validation and success.

2. Causes and Contributing Factors:
   Imposter syndrome can stem from various factors, including:

   a. Perfectionism: Individuals with imposter syndrome often set unrealistically high standards for themselves, leading to constant self-criticism and a fear of not meeting expectations.
   b. Attribution Error: People tend to attribute their successes to external factors, such as luck or help from others, while attributing failures to their own lack of ability. This skewed thinking reinforces feelings of being a fraud.

c. Comparisons and social media: Social media platforms and constant comparisons with others' achievements can fuel imposter syndrome. Seeing others' highlight reels can create a false sense of inadequacy.

d. Stereotype Threat: Individuals from underrepresented groups may experience imposter syndrome due to the pressure of disproving negative stereotypes or feeling like they don't belong.

3. Manifestations of Imposter Syndrome:

Imposter syndrome can manifest in various ways, including:

a. Self-Doubt: Constantly questioning one's abilities, despite evidence of competence.

b. Fear of Failure: Avoiding challenges or not taking risks due to the fear of being exposed as a fraud.

c. Overworking: Overcompensating by working excessively to prove one's worth.

d. Discounting Achievements: Minimizing or dismissing accomplishments as luck or timing.
e. Anxiety and Stress: Feeling anxious or stressed about being "found out" and facing the consequences.

4. Overcoming Imposter Syndrome:

    a. Recognize and Acknowledge: Awareness is the first step. Recognize imposter syndrome as a common experience and acknowledge that your feelings are valid.
    b. Challenge Negative Thoughts: Challenge self-doubt by examining evidence of your accomplishments and replacing negative thoughts with positive affirmations.
    c. Seek Support: Share your feelings with trusted friends, mentors, or therapists who can provide perspective and support.
    d. Embrace Failure: Understand that failure is a natural part of growth and learning. Embrace setbacks as opportunities for improvement.

e. Practice Self-Compassion: Treat yourself with kindness and compassion. Celebrate your achievements and practice self-care.
f. Reframe Success: Instead of attributing success solely to external factors, acknowledge your efforts, skills, and hard work.

Conclusion:

Imposter syndrome is a common experience that affects individuals from all walks of life. It can hinder personal and professional growth if left unaddressed. By understanding the causes, manifestations, and implementing strategies to overcome imposter syndrome, individuals can regain confidence, recognize their worth, and achieve their full potential. Remember, you are not alone, and your accomplishments are a result of your own abilities and efforts combined with your faith in a Higher Power.

★ CHAPTER 12 ★

Standards Vs. Expectations

"Expectations are what we impose on others, while standards are what we hold for ourselves."

(Abramovici, n.d.)

Understanding the difference between standards and expectations is very important in the development of you as a person and any relationship to include personal, business, career, etc.

The first step is defining standards and expectations; standards are the minimum requirements; It does not matter if it's in a job, or any kind of personal standards.

Expectations, in the other hand are things that you would like to see in the relationship, job or business.

The key factor is that the standards are non-negotiable. You cannot bend the standards for someone, for situations going on, or whatever the case is, you **do not** bend standards.

However, expectations are negotiable!

You can definitely negotiate expectations;

You can have low expectations and high standards in your life.

In the Army, standards are non-negotiable, the minimum requirements to perform or complete a task are like a bible. Let's say we're talking about training so the standard on that training is for the soldier to learn XY&C, right?

And those things cannot be bent, if the soldier does not meet the standard then with training we can get him up to standard or ultimately we will have to let the soldier go.

Standards don't change because of a situation or an individual; and the same applies in your life.

If you have standards in a relationship or business, those are the things that you cannot alter just because.

Standards are something that you should have clearly established in your head, in your mind and in your heart.

Expectations are things that should or could happen but are not mandatory.

For example, let's say the soldier goes on leave (vacation) for two weeks and the soldier decided to eat like crazy didn't workout at all and comes back two weeks later and failed the Army physical fitness test. In this case the soldier was meeting standard before he went on the two weeks' vacation.

The soldier was expected to maintain those basic skills, good eating, and physical training habits on his own and the soldier did not do that.

Therefore, he comes back failing the standards because what was expected from him did not happen over the course of the two weeks leave.

To set standards and expectations you need to understand your value and capacity as a person or business; some people want to be treated as a King/Queen, but they are not ready to live in the palace. **Know your value!**

We can call that self-esteem, the way you see yourself. While it's based on your own perspective, we must understand our status and accept constructive criticism in order to grow.

Once you have a clear picture no one can alter that perspective. It is imperative that you understand that the self-esteem it's 100% your responsibility.

Only then you can establish standards and know what is acceptable what is not.

"I will not take anything less than this."

"I will not accept less than this, this is my standards and limitations."

Having a clear value will allow you to set a clear standard.

Do not walk around with green paint, painting every single red flag you come across.

That's one of the biggest mistakes that I've seen! Some people see a red flag, something that doesn't sit well and decide to ignore it.

There's a gut instinct and the person knows that there's something behind it, there's something going on, there's a red flag.

Sometimes we deceive ourselves wanting to paint (ignore) all red flags.

At the end of the day, we end up paying the price for allowing those red flags in our life.

We need to have a clear mindset of what we want in life, and we must be willing to let go when red flags are going against our standards or values.

"We are all responsible for our own needs and wants, so the next time you come across a situation that could lead to disappointment or frustration, ask yourself: "Is this a standard or an expectation?""

(Abramovici, n.d.)

Works Cited

Abramovici, A. (n.d.).

Koifman, N. (2023, July). *Forbes*. Retrieved from Forbes.com.

TNH. (n.d.). *Thenewhappy*. Retrieved from thenewhappy.com

Victorino, R. (2023, September). *slab.com*.

Holy Bible NIV

SPANISH

Introducción

Ajusta tu corona y eleva tu voz por encima del ruido de la vida. En un mundo lleno de distracciones y caos, es crucial que mantengas tu posición y mantengas la calma. Al igual que una corona se sienta con gracia en tu cabeza, simboliza tu fuerza interna, resiliencia y el llamado de Dios; fuimos creados con un propósito, estamos llamados a vivir sin límites, la única limitación la creas tú.

En medio del ruido y el caos, es fácil perder de vista tu verdadero valor y potencial. El ruido puede ser abrumador, ahogando tu propia voz y haciéndote dudar de ti mismo. Pero recuerda, tú eres el gobernante de tu propio destino y está en tu poder elevarte por encima de todo. ¡Ese poder te fue dado por Dios! Ajustar tu corona significa tomar una decisión consciente de tomar el control de tu vida. Es un recordatorio de mantener la cabeza en alto y abrazar a la Reina o Rey que realmente eres. No se trata de arrogancia o superioridad, sino de reconocer tu propio valor y la importancia del cuidado personal; tener confianza.

Al ajustar tu corona, te liberas de la negatividad y las dudas que pueden haberte frenado, depositando tu confianza en Dios. Dejas de lado las opiniones y los juicios de los demás, comprendiendo que su ruido no te define. En cambio, te enfocas en tu propio viaje, tus propios sueños, aspiraciones y el propósito divino que se te dio antes de nacer.

Acerca del Autor

Jonathan López nació en Puerto Rico en el 1988. Jonathan sirvió en el ejército (SSG-Retirado) y en la Oficina del Sheriff. En el 2019, Jonathan publicó su primer libro "21 Days Myth" con una calificación de 5 estrellas en Amazon, Barnes & Noble y más; y en el 2021 publicó su segundo libro "30 Days of Darkness".

Se mudó de Puerto Rico a los Estados Unidos en el 2013, comenzó desde cero y continuamente construye un legado que incluye una Academia de Armas de Fuego y una Organización sin Fines de Lucro para ayudar a la comunidad con asistencia laboral. Jonathan se unió a "Sparkles of Life", una organización sin fines de lucro que ayuda a las víctimas de violencia doméstica y personas sin hogar. Jonathan es padre de un adolescente y siempre crea un ambiente positivo para quienes lo rodean. Jonathan ha sido premiado en varias ocasiones por sus acciones honorificas. Algunos de sus premios y reconocimientos son el Premio de Valor de la Cámara Regional de Melbourne y el reconocimiento del Congreso por salvar a una víctima de violencia doméstica en 2018, el Premio al Mérito de la Oficina del Sheriff en 2017 y la Medalla de la Comendación del Ejército en 2016 y 2021.

★ CAPÍTULO 1 ★

Bloquear las distracciones

Cómo enfocarse en lo que realmente importa

En el mundo acelerado de hoy, las personas están constantemente bombardeadas con distracciones que pueden evitar que alcancen sus metas y cumplan su potencial. Desde las notificaciones de las redes sociales hasta las bandejas de entrada de correo electrónico desbordadas, las distracciones pueden desviar fácilmente el enfoque y la productividad de uno. Sin embargo, al aprender a bloquear estas distracciones y enfocarse en lo que realmente importa, las personas pueden lograr un mayor éxito y satisfacción en sus vidas personales y profesionales.

Uno de los primeros pasos para bloquear las distracciones es identificar cuáles son. En muchos casos, las distracciones pueden ser sutiles e insidiosas, como el ruido de fondo o las notificaciones de las redes sociales.

Al tomar nota de lo que más te distrae, puedes crear un plan que bloquee eficazmente estas distracciones. Esto puede incluir desactivar las notificaciones en tu teléfono, reservar momentos específicos para revisar el correo electrónico o las redes sociales, y crear un espacio de trabajo tranquilo y libre de distracciones.

Otro aspecto importante de bloquear las distracciones es aprender a priorizar las tareas. Esto implica descomponer metas más grandes en tareas más pequeñas y manejables, y luego enfocarse en las tareas más importantes primero. Al priorizar las tareas, las personas pueden asegurarse de que están enfocando su tiempo y energía en lo que realmente importa, en lugar de agotarse con tareas menos importantes.

Una estrategia efectiva para priorizar las tareas es la Matriz de Eisenhower, que consiste en categorizar las tareas en categorías de urgente e importante. Las tareas urgentes son aquellas que requieren atención inmediata, mientras que las tareas importantes son aquellas que contribuyen a metas a largo plazo y al éxito general. Al priorizar las tareas urgentes e importantes, las personas pueden asegurarse de que están enfocándose en lo que realmente importa y avanzando hacia sus metas. ¿Qué es la Matriz de Eisenhower?

La Matriz de Eisenhower es una herramienta de toma de decisiones simple que ayuda a distinguir entre tareas importantes, no importantes, urgentes y no urgentes. Divide las tareas en cuatro cuadros que priorizan qué tareas debes enfocarte primero y cuáles debes delegar o eliminar. (Victorino, 2023)

Además de priorizar las tareas, es importante crear una programación que maximice la productividad y minimice las distracciones. Por ejemplo, las personas pueden reservar momentos específicos del día para trabajar de manera concentrada y utilizar otros momentos para tareas menos exigentes o descansos. Al crear una programación estructurada, las personas pueden crear una sensación de rutina y previsibilidad que les ayude a mantenerse enfocadas y productivas.

Otra estrategia efectiva para bloquear las distracciones es crear un entorno libre de distracciones. Esto puede implicar crear un espacio de trabajo tranquilo, desactivar las notificaciones en los dispositivos y minimizar las distracciones visuales, como el desorden o los colores brillantes. Al crear un entorno propicio para el enfoque y la productividad, las personas pueden reducir la tentación de participar en actividades distractoras y mantenerse enfocadas en la tarea.

Finalmente, es importante reconocer que bloquear las distracciones no siempre es fácil o sencillo. Requiere disciplina, enfoque y disposición para tomar decisiones difíciles sobre cómo gastar el tiempo y la energía. Sin embargo, al mantenerse comprometido con el objetivo de enfocarse en lo que realmente importa, se puede lograr un mayor éxito y satisfacción en todas las áreas de la vida.

En conclusión, bloquear las distracciones y enfocarse en lo que realmente importa es un componente clave para lograr el éxito y la satisfacción en el mundo actual. Al priorizar las tareas, crear una programación estructurada, crear un entorno libre de distracciones y mantenerse comprometido con el objetivo de bloquear las distracciones, las personas pueden maximizar su productividad y alcanzar sus metas. Si bien no siempre es fácil, mantenerse comprometido con el objetivo de bloquear las distracciones puede generar recompensas significativas a largo plazo.

★ CAPÍTULO 2 ★

Superar la duda de uno mismo

Aumentar la confianza y la creencia en uno mismo

"Se fuerte y valiente. No tengas miedo ni te desanimes, porque el Señor tu Dios estará contigo dondequiera que vayas".

— Josué 1:9

La duda de uno mismo puede ser una emoción paralizante que impide a las personas alcanzar su máximo potencial. Cuando uno no cree en sí mismo, puede dudar en tomar riesgos, tomar decisiones o perseguir sus metas. Sin embargo, al aprender a superar la duda de uno mismo, las personas pueden aumentar su confianza y creencia en sí mismas, lo que conduce a un mayor éxito y satisfacción en todas las áreas de sus vidas.

Una estrategia efectiva para superar la duda de uno mismo es enfocarse en las fortalezas y logros propios. Esto implica mirar hacia atrás en los éxitos pasados y reconocer las habilidades y cualidades que permitieron esos éxitos.

Uno de los primeros pasos para superar la duda de uno mismo es identificar la raíz que causa esta emoción. La duda de uno mismo puede surgir de diversas fuentes, como fracasos pasados, comentarios negativos de otros o comparaciones con los demás. Al comprender los desencadenantes específicos de la duda de uno mismo, las personas pueden comenzar a desarrollar estrategias para superar esta emoción y construir confianza en sí mismas. En lugar de pensar "no soy lo suficientemente bueno", se puede reformular este pensamiento como "¿Soy mejor hoy que hace 10 años? ¿Soy mejor hoy que hace 3 años?".

Al enfocarse en las fortalezas propias, las personas pueden construir confianza en sus habilidades y aumentar su creencia en sí mismas. También pueden utilizar estas fortalezas para enfrentar desafíos y perseguir nuevas oportunidades.

Otro aspecto importante de superar la duda de uno mismo es aprender a reformular los pensamientos y creencias negativas. Cuando uno experimenta duda de sí mismo, puede involucrarse en autocrítica negativa o enfocarse en sus debilidades percibidas. Al aprender a reformular estos pensamientos negativos, las personas pueden cambiar su enfoque hacia creencias más positivas y constructivas sobre sí mismas. Por ejemplo, en lugar de pensar "no soy lo suficientemente bueno", se puede pensar "tengo las habilidades y la experiencia para tener éxito" o "he pasado por esto antes, puedo hacerlo".

Construir un sistema de apoyo también puede ser un factor clave para superar la duda de uno mismo. Esto puede implicar buscar amigos, familiares, grupos espirituales o colegas que puedan brindar aliento, comentarios y apoyo. Al rodearse de personas positivas y afirmativas, se puede construir una red de apoyo que ayude a superar la duda de uno mismo y alcanzar las metas.

Otra estrategia efectiva para superar la duda de uno mismo es actuar y enfrentar los miedos. Cuando uno experimenta duda de sí mismo, puede evitar tomar riesgos o perseguir nuevas oportunidades. Sin embargo, al actuar y enfrentar los miedos, las personas pueden construir confianza en sus habilidades y aumentar su creencia en sí mismas. Esto puede implicar establecer pequeñas metas y dar pasos hacia su logro, o salir de la zona de confort y probar cosas nuevas.

Finalmente, es importante reconocer que superar la duda de uno mismo es un proceso continuo. Puede llevar tiempo y esfuerzo construir confianza y creencia en uno mismo, y pueden ocurrir contratiempos en el camino. Sin embargo, al mantenerse comprometido con el objetivo de superar la duda de uno mismo, las personas pueden lograr un mayor éxito y satisfacción en todas las áreas de sus vidas.

En conclusión, superar la duda de uno mismo y aumentar la confianza y creencia en uno mismo es un componente clave para lograr éxito y satisfacción en el mundo actual. Al enfocarse en las fortalezas propias, reformular los pensamientos negativos, construir un sistema de apoyo, actuar y enfrentar los miedos, y mantenerse comprometido con el objetivo de superar la duda de uno mismo, las personas pueden aumentar su confianza y creencia en sí mismas. Esto puede llevar a un mayor éxito y satisfacción en todas las áreas de sus vidas.

★ CAPÍTULO 3 ★

Encendiendo tu Pasión

Encontrando tu Propósito

"Mas vosotros sois linaje escogido, real sacerdocio, nación santa, pueblo adquirido por Dios, para que anunciéis las virtudes de aquel que os llamó de las tinieblas a su luz admirable."

1 Pedro 2:9

Muchas personas pasan por la vida sintiéndose insatisfechas y sin dirección, sin saber qué quieren hacer con sus vidas. Sin embargo, al encender su pasión y encontrar su propósito, las personas pueden crear una vida significativa y satisfactoria. Aquí hay algunas estrategias para encontrar tu pasión y propósito y convertir tus sueños en realidad.

El primer paso para encender tu pasión es identificar lo que realmente te emociona y motiva. Esto puede implicar explorar diferentes intereses y actividades, probar cosas nuevas y reflexionar sobre experiencias pasadas. Al prestar atención a lo que te brinda alegría y satisfacción, puedes comenzar a identificar tus pasiones y lo que deseas perseguir.

Una vez que hayas identificado tus pasiones, puedes comenzar a explorar cómo convertirlas en un propósito. Esto puede implicar establecer metas y crear un plan para alcanzarlas, como buscar educación o capacitación en un campo específico, establecer contactos con otras personas de la industria o comenzar un negocio o proyecto que se alinee con tus pasiones. Al tener un propósito y dirección claros, puedes mantener la motivación y concentración en alcanzar tus metas.

Otro aspecto importante de encender tu pasión y encontrar tu propósito es superar cualquier obstáculo o creencia limitante que pueda estar frenándote. Esto puede implicar desafiar los pensamientos negativos y las creencias, buscar apoyo y orientación de otras personas y salir de tu zona de confort. Al enfrentar tus miedos y tomar riesgos calculados, puedes desarrollar la confianza y la resiliencia necesarias para perseguir tus pasiones y alcanzar tus metas. También es importante reconocer que encontrar tu pasión y propósito puede ser un proceso continuo. A medida que creces y cambias, tus pasiones y metas también pueden cambiar. Es importante estar abierto a nuevas experiencias y oportunidades, y estar dispuesto a ajustar tus planes y metas según sea necesario.

Finalmente, es importante cultivar una mentalidad de gratitud y positividad. Al enfocarte en los aspectos positivos de tu vida y logros, puedes mantener una sensación de motivación y propósito. También puedes usar la gratitud como una herramienta para superar desafíos y contratiempos, reconociendo el progreso que has logrado y las lecciones que has aprendido.

En conclusión, encender tu pasión y encontrar tu propósito es un componente clave para crear una vida satisfactoria y significativa. Al establecer metas, crear un plan, superar obstáculos, cultivar una mentalidad de gratitud y positividad, y estar dispuesto a ajustar tus metas y planes según sea necesario, puedes convertir tus sueños en realidad y alcanzar tu máximo potencial. Al encender tu pasión y practicar un pensamiento positivo, puedes desbloquear tu pleno potencial y crear una vida que sea significativa y satisfactoria.

★ CAPÍTULO 4 ★

Abrazando el Fracaso

Aprender de él y Seguir Adelante

"El secreto de la vida es caer siete veces y levantarse ocho veces."

— Paulo Coelho

El fracaso es una parte inevitable de la vida y puede ser una experiencia difícil y dolorosa para muchas personas. Sin embargo, al abrazar el fracaso, aprender de él y seguir adelante, las personas pueden convertir los contratiempos en oportunidades de crecimiento y éxito. Aquí hay algunas estrategias para abrazar el fracaso y utilizarlo como un catalizador para el desarrollo personal y profesional.

Paso 1: Cambiar la mentalidad

El primer paso para abrazar el fracaso es cambiar la mentalidad en torno a él. En lugar de ver el fracaso como una experiencia negativa y vergonzosa, las personas pueden verlo como una oportunidad para aprender y crecer. Al reconocer que el fracaso es una parte natural del proceso de aprendizaje, las personas pueden abordarlo con curiosidad y apertura en lugar de miedo y evitación.

Paso 2: Aprender de los errores

Otro aspecto importante de abrazar el fracaso es asumir la responsabilidad de los propios errores y aprender de ellos. Esto puede implicar reflexionar sobre lo que salió mal, identificar áreas de mejora y desarrollar un plan para seguir adelante. Al asumir la responsabilidad de los propios fracasos, las personas pueden obtener ideas valiosas y habilidades que les ayudarán a evitar errores similares en el futuro.

Paso 3: Buscar apoyo

También es importante buscar comentarios y apoyo de los demás al enfrentar el fracaso. Esto puede implicar buscar orientación de mentores, colegas o amigos, o buscar ayuda profesional si es necesario. Al conectarse con los demás y aprender de sus experiencias, las personas pueden obtener nuevas perspectivas y conocimientos que les ayudarán a superar los desafíos futuros.

Paso 4: Actuar y enfrentar los miedos

Cuando se experimenta el fracaso, es posible que las personas eviten tomar riesgos o perseguir nuevas oportunidades. Sin embargo, al actuar y enfrentar los miedos, las personas pueden construir confianza en sus habilidades y aumentar su creencia en sí mismas. Esto puede implicar establecer metas pequeñas y dar pasos hacia su logro, o salir de la zona de confort y probar cosas nuevas.

Paso 5: Reconocer que el fracaso es un proceso continuo

Es importante reconocer que abrazar el fracaso es un proceso continuo. Puede llevar tiempo y esfuerzo construir confianza y creencia en uno mismo, y pueden surgir contratiempos en el camino. Sin embargo, al mantenerse comprometido con el objetivo de abrazar el fracaso, las personas pueden lograr un mayor éxito y satisfacción en todas las áreas de sus vidas.

En conclusión, abrazar el fracaso y aprender de él es una parte esencial del crecimiento personal y profesional. Al cambiar la mentalidad, aprender de los errores, buscar apoyo, actuar y enfrentar los miedos, y reconocer que el fracaso es un proceso continuo, las personas pueden construir resiliencia y utilizar el fracaso como una herramienta poderosa para el desarrollo personal y profesional. Al abrazar el fracaso y utilizarlo como un catalizador para el crecimiento, las personas pueden alcanzar su máximo potencial y crear una vida significativa y satisfactoria.

★ CAPÍTULO 5 ★

El Poder del Pensamiento Positivo

Cultivar una Mentalidad de Crecimiento

"Siempre eres un estudiante, nunca un maestro. Debes seguir avanzando".

— Conrad Hall

La forma en que pensamos sobre nosotros mismos y nuestras habilidades puede tener un impacto profundo en nuestras vidas. Aquellos que tienen una mentalidad de crecimiento creen que sus habilidades e inteligencia pueden desarrollarse a través del trabajo duro y la dedicación, mientras que aquellos con una mentalidad fija creen que sus habilidades están predeterminadas y no pueden cambiarse. Cultivar una mentalidad de crecimiento y practicar el pensamiento positivo puede llevar a un mayor éxito, mayor resiliencia y una vida más satisfactoria. Aquí hay algunas estrategias para cultivar una mentalidad de crecimiento y practicar el pensamiento positivo.

El primer paso para cultivar una mentalidad de crecimiento es enfocarse en el proceso en lugar del resultado. Esto significa establecer metas y trabajar hacia ellas centrándose en el esfuerzo y el progreso realizado, en lugar de solo en el resultado. Al valorar el proceso y el aprendizaje que conlleva, las personas pueden desarrollar un sentido de resiliencia y persistencia que les ayudará a superar contratiempos y desafíos. Otro aspecto importante de cultivar una mentalidad de crecimiento es abrazar los desafíos y verlos como oportunidades de crecimiento. En lugar de evitar tareas o situaciones difíciles, las personas con una mentalidad de crecimiento las ven como oportunidades para aprender y desarrollar nuevas habilidades. Al abordar los desafíos con curiosidad y apertura, las personas pueden desarrollar un sentido de confianza y competencia que les ayudará a enfrentar futuros obstáculos.

También es importante practicar el diálogo interno positivo y enfocarse en las fortalezas y logros propios.

Esto implica reconocer y celebrar los logros, por pequeños que sean, y reformular los pensamientos negativos en mensajes positivos y empoderarte. Al enfocarse en las fortalezas y logros propios, las personas pueden desarrollar un sentido de autoeficacia y confianza que les ayudará a superar la duda de sí mismos y las creencias negativas. Otra estrategia efectiva para cultivar una mentalidad de crecimiento es buscar comentarios y apoyo de los demás. Esto puede implicar buscar orientación de mentores, colegas o amigos, o unirse a una comunidad de personas con ideas afines que comparten metas y pasiones similares. Al buscar apoyo y comentarios de los demás, las personas pueden construir una red de apoyo que les ayudará a superar la duda de sí mismos y alcanzar sus metas.

Otra estrategia efectiva para cultivar una mentalidad de crecimiento es actuar y enfrentar los miedos propios. Cuando una persona experimenta duda de sí misma, puede evitar correr riesgos o buscar nuevas oportunidades. Sin embargo, al actuar y enfrentar los miedos propios, las personas pueden desarrollar confianza en sus habilidades y creencia en sí mismas. Esto puede implicar establecer pequeñas metas y dar pasos hacia su logro o salir de la zona de confort para probar cosas nuevas.

Finalmente, es importante reconocer que cultivar una mentalidad de crecimiento es un proceso continuo. Puede llevar tiempo y esfuerzo desarrollar confianza y creencia en uno mismo, y pueden surgir contratiempos en el camino. Sin embargo, al mantenerse comprometido con el objetivo de cultivar una mentalidad de crecimiento, las personas pueden lograr un mayor éxito y satisfacción en todas las áreas de sus vidas.

En conclusión, cultivar una mentalidad de crecimiento y practicar el pensamiento positivo es un componente clave para lograr el éxito y la satisfacción en el mundo actual. Al enfocarse en el proceso en lugar del resultado, abrazar los desafíos, practicar el diálogo interno positivo, buscar apoyo de los demás y actuar y enfrentar los miedos propios, las personas pueden desbloquear su máximo potencial y crear una vida significativa y satisfactoria. Al cultivar una mentalidad de crecimiento y abrazar el pensamiento positivo, las personas pueden lograr sus metas y hacer una diferencia en el mundo.

★ CAPÍTULO 6 ★

Construyendo Resiliencia

Cómo Superar la Adversidad y Prosperar

La resiliencia es la capacidad de recuperarse de la adversidad y prosperar a pesar de los desafíos. En un mundo lleno de cambios y dificultades, la resiliencia es una habilidad esencial para superar obstáculos y lograr el éxito. Aquí hay algunas estrategias para construir resiliencia y prosperar en medio de la adversidad.

El primer paso para construir resiliencia es desarrollar una mentalidad de crecimiento. Esto implica creer que los desafíos y contratiempos son oportunidades para crecer y aprender, en lugar de amenazas u obstáculos. Al adoptar una mentalidad de crecimiento, puedes enfrentar la adversidad con curiosidad y apertura, en lugar de miedo y evitación.

Otro aspecto importante de construir resiliencia es practicar el autocuidado y priorizar la salud mental y física. Esto puede implicar participar en actividades que promuevan la relajación y la reducción del estrés, como la meditación o el ejercicio, o buscar ayuda profesional si es necesario. Al cuidar tu salud mental y física, puedes desarrollar una sensación de resiliencia y fortaleza que te ayudará a enfrentar los desafíos futuros.

También es importante cultivar un sistema de apoyo sólido de amigos, familiares y colegas. Esto puede implicar buscar el apoyo y la orientación de mentores o compañeros que puedan brindar comentarios y aliento, o unirse a una comunidad de personas con ideas afines que compartan tus metas y pasiones. Al desarrollar un sistema de apoyo, puedes construir una sensación de conexión y motivación que te ayudará a superar la adversidad y lograr tus metas.

Otra estrategia efectiva para construir resiliencia es practicar la gratitud y el optimismo. Esto implica enfocarse en los aspectos positivos de la vida y los logros, incluso en medio de la adversidad. Al practicar la gratitud y el optimismo, puedes mantener una perspectiva positiva y utilizarla como herramienta para superar desafíos y contratiempos.

Finalmente, es importante reconocer que construir resiliencia es un proceso continuo. Requiere tiempo y esfuerzo desarrollar una mentalidad y habilidades resilientes, y pueden surgir contratiempos en el camino. Sin embargo, al comprometerte con el objetivo de construir resiliencia, puedes lograr un mayor éxito y satisfacción en todas las áreas de tu vida.

En conclusión, construir resiliencia y prosperar en medio de la adversidad es esencial para lograr el éxito y la satisfacción personal. Al desarrollar una mentalidad de crecimiento, practicar el autocuidado, cultivar un sistema de apoyo, practicar la gratitud y el optimismo, y comprometerse con el proceso de construir resiliencia, puedes superar los desafíos y lograr tus metas. Al construir resiliencia, puedes desbloquear tu máximo potencial y crear una vida significativa y satisfactoria.

CAPÍTULO 7

Manteniendo la motivación

Estrategias para mantener el impulso y el ímpetu

"Mantén la motivación como una herramienta para lograr una tarea, pero la disciplina te llevará a tu objetivo a pesar de cómo te sientas o de lo tentador que pueda ser abandonarlo".

— Jonathan López

Mantener la motivación y el impulso hacia nuestros objetivos puede ser un desafío, especialmente frente a obstáculos y contratiempos. Sin embargo, mantenerse motivado es esencial para lograr el éxito y la satisfacción en nuestras vidas personales y profesionales. Aquí hay algunas estrategias para mantenerse motivado y mantener el impulso y el ímpetu hacia nuestros objetivos.

El primer paso para mantenerse motivado es establecer metas claras y significativas. Esto significa identificar lo que queremos lograr, por qué queremos lograrlo y cómo planeamos llegar allí. Al establecer metas claras y significativas, podemos desarrollar un sentido de propósito y dirección que puede ayudarnos a mantenernos motivados y enfocados.

Otro aspecto importante para mantenerse motivado es desglosar las metas grandes en pasos más pequeños y alcanzables. Esto significa establecer metas a corto plazo que conduzcan a nuestros objetivos más grandes y celebrar nuestro progreso en el camino. Al desglosar nuestras metas en pasos más pequeños y manejables, podemos construir impulso y mantener la motivación hacia nuestros objetivos.

También es importante desarrollar una mentalidad positiva y practicar el diálogo interno positivo. Esto significa reformular pensamientos y creencias negativas en mensajes positivos y enfocarse en nuestras fortalezas y logros. Al desarrollar una mentalidad positiva y practicar el diálogo interno positivo, podemos construir un sentido de autoeficacia y confianza en nosotros mismos que puede ayudarnos a superar la duda y las creencias negativas.

Otra estrategia efectiva para mantenerse motivado es mantenerse conectado con nuestros valores y pasiones. Esto significa identificar lo que es más importante para nosotros y alinear nuestros objetivos y acciones con estos valores y pasiones. Al mantenernos conectados con nuestros valores y pasiones, podemos desarrollar un sentido de propósito e inspiración que puede ayudarnos a mantenernos motivados y apasionados por nuestros objetivos.

También es importante practicar el autocuidado y priorizar nuestra salud mental y física. Esto puede implicar participar en actividades que promuevan la relajación y la reducción del estrés, como la meditación o el ejercicio, o buscar ayuda profesional si es necesario. Al cuidar nuestra salud mental y física, podemos construir un sentido de resiliencia y fortaleza que puede ayudarnos a mantenernos motivados y enfocados en nuestros objetivos.

Otra estrategia efectiva para mantenerse motivado es buscar apoyo y responsabilidad de los demás. Esto puede implicar conectarse con mentores, entrenadores o colegas que puedan brindar orientación y retroalimentación, o unirse a una comunidad de personas con ideas afines que compartan nuestros objetivos y pasiones. Al buscar apoyo y responsabilidad de los demás, podemos construir un sentido de conexión y motivación que puede ayudarnos a mantenernos enfocados y motivados hacia nuestros objetivos.

Finalmente, es importante mantenerse flexible y adaptable frente a los obstáculos y contratiempos. Esto puede implicar ajustar nuestros objetivos o estrategias para adaptarse mejor a las circunstancias cambiantes, o simplemente mantenernos abiertos a nuevas oportunidades y experiencias. Al mantenernos flexibles y adaptables, podemos construir un sentido de resiliencia y creatividad que puede ayudarnos a superar los obstáculos y mantener el impulso hacia nuestros objetivos.

En conclusión, mantenerse motivado y mantener el impulso y el ímpetu hacia nuestros objetivos es esencial para lograr el éxito y la satisfacción en nuestras vidas personales y profesionales. Al establecer metas claras y significativas, desglosarlas en pasos alcanzables, desarrollar una mentalidad positiva, mantenerse conectado con nuestros valores y pasiones, practicar el autocuidado, buscar apoyo y responsabilidad de los demás, y mantenerse flexible y adaptable, podemos construir un sentido de motivación y mantener el impulso hacia nuestros objetivos. Al mantenerse motivado, podemos desbloquear nuestro máximo potencial y crear una vida significativa y satisfactoria.

★ CAPÍTULO 8 ★

Rodeándote de Apoyo

Encontrando tu Tribu y Construyendo Relaciones

"Asegúrate de que todos en tu "barco" estén remando y no haciendo agujeros cuando no estás mirando. Conoce a tu círculo."

En los capítulos anteriores, he tocado constantemente el tema de tener un grupo de apoyo como parte de tu plan para lograr el éxito. En este capítulo, profundizaré para que entiendas completamente la importancia de construir una comunidad, una tribu. Los seres humanos somos criaturas sociales y prosperamos cuando estamos rodeados de relaciones de apoyo y amor. Construir conexiones sólidas con los demás puede brindarnos un sentido de pertenencia, apoyo y felicidad. Aquí hay algunas estrategias para encontrar tu tribu y construir relaciones sólidas.

El primer paso para construir relaciones sólidas es identificar lo que estás buscando en una relación. Esto significa pensar en las cualidades y características que son importantes para ti en un amigo, pareja o comunidad. Al identificar tus valores y prioridades, puedes comenzar a buscar individuos o grupos que se alineen con estos valores y prioridades.

Otro aspecto importante de construir relaciones sólidas es ser abierto y vulnerable con los demás. Esto significa compartir tus pensamientos, sentimientos y experiencias con los demás y estar receptivo a sus perspectivas y experiencias. Al ser abierto y vulnerable, puedes construir confianza e intimidad con los demás y desarrollar conexiones más profundas y significativas.

También es importante participar en actividades que se alineen con tus intereses y pasiones. Esto puede implicar unirse a un equipo deportivo, tomar una clase o asistir a un evento comunitario. Al participar en actividades que se alinean con tus intereses y pasiones, puedes conectarte con personas que comparten valores y experiencias similares.

Otra estrategia efectiva para construir relaciones sólidas es buscar mentoría y orientación de los demás. Esto puede implicar conectarse con un mentor o entrenador que pueda brindar orientación y apoyo, o buscar una comunidad de personas con ideas afines que puedan brindar comentarios y aliento. Al buscar mentoría y orientación de los demás, puedes construir un sentido de conexión y apoyo que te ayude a alcanzar tus metas y navegar los desafíos de la vida.

También es importante practicar la escucha activa y la empatía en tus relaciones. Esto significa escuchar a los demás sin juzgar ni interrumpir y tratar de comprender su perspectiva y experiencias. Al practicar la escucha activa y la empatía, puedes construir conexiones más fuertes con los demás y profundizar tu comprensión de sus pensamientos y sentimientos.

Otra estrategia efectiva para construir relaciones sólidas es practicar la gratitud y el aprecio por los demás. Esto significa expresar gratitud y aprecio por las personas en tu vida y las formas en que te apoyan y enriquecen tu vida. Al practicar la gratitud y el aprecio, puedes construir un sentido de conexión y apoyo con los demás y fortalecer tus relaciones.

Finalmente, es importante tener paciencia y persistencia en tus esfuerzos para construir relaciones sólidas. Construir conexiones sólidas con los demás lleva tiempo y esfuerzo, y puede implicar cierta prueba y error en el camino. Al ser paciente y persistente, puedes desarrollar conexiones más profundas y significativas con los demás que te brindarán un apoyo duradero y felicidad.

En conclusión, construir relaciones sólidas y encontrar tu tribu es esencial para una vida feliz y satisfactoria. Al identificar tus valores y metas personales, ser abierto a nuevas experiencias y perspectivas, buscar mentoría y orientación, practicar la escucha activa y la empatía, practicar la gratitud y el aprecio, y tener paciencia y persistencia, puedes construir conexiones sólidas con los demás que te brindarán un sentido de pertenencia, apoyo y felicidad.

★ CAPÍTULO 9 ★

Tomando riesgos

Aceptando el cambio y saliendo de tu zona de confort

"El mayor riesgo es no tomar ningún riesgo... En un mundo que cambia rápidamente, la única estrategia que está garantizada para fracasar es no tomar riesgos".

— Mark Zuckerberg

¡NO te quedes en la zona de confort! Los seres humanos tienden a buscar la comodidad por naturaleza, pero debes salir de la zona de confort para ver el crecimiento y el éxito. Debemos tomar riesgos y no pensar demasiado; el exceso de pensamiento te mantendrá estancado. Tuve que entrenarme para dejar de pensar demasiado en las cosas de la vida, y por eso tomo riesgos y gano. Debería ser más específico y decir: "riesgos calculados". El riesgo me permite ganar más.

¿Puedo perder? Absolutamente. Pero definitivamente vale la pena al 100%. Estás destinado a hacer mucho más. Deja de pensar demasiado. No trates de tener un plan perfecto, te adaptarás y superarás a medida que avances. La mayoría de las grandes invenciones no sucedieron por accidente, había una visión y un plan para lograrlo. Los hermanos Wright no esperaron tener el avión perfecto; trabajaron y se ajustaron hasta que pudieron despegar. Si hubieran esperado el avión perfecto, no estaríamos volando hoy y su nombre no estaría en los libros de historia.

Tomar riesgos es una parte esencial del crecimiento y desarrollo personal. Al salir de nuestra zona de confort y aceptar el cambio, podemos descubrir nuevas oportunidades, aprender nuevas habilidades y alcanzar nuestras metas. Aquí hay algunas estrategias para tomar riesgos y aceptar el cambio en tu vida.

El primer paso para tomar riesgos es identificar tus metas y aspiraciones. Esto significa pensar en lo que quieres lograr en tu vida personal y profesional, e identificar los pasos que debes tomar para llegar allí. Al establecer metas claras y significativas, puedes desarrollar un sentido de propósito y dirección que te motive a tomar riesgos y aceptar el cambio.

Otro aspecto importante de tomar riesgos es cultivar una mentalidad de crecimiento. Esto significa aceptar los desafíos y verlos como oportunidades de crecimiento y aprendizaje, en lugar de amenazas u obstáculos. Al cultivar una mentalidad de crecimiento, puedes desarrollar un sentido de resiliencia y creatividad que te ayudará a navegar la incertidumbre y superar obstáculos.

También es importante estar abierto a nuevas oportunidades y experiencias. Esto puede implicar salir de tu zona de confort y probar cosas nuevas o buscar nuevas perspectivas e ideas de los demás. Al estar abierto a nuevas oportunidades y experiencias, puedes ampliar tus horizontes y descubrir nuevas oportunidades de crecimiento personal y profesional.

Otra estrategia efectiva para tomar riesgos es desarrollar un sistema de apoyo. Esto puede implicar buscar mentores o entrenadores que puedan brindar orientación y apoyo, o conectarse con una comunidad de personas con ideas afines que compartan tus metas y aspiraciones. Al desarrollar un sistema de apoyo, puedes construir un sentido de conexión y responsabilidad que te ayude a mantener la motivación y la concentración en tus metas.

También es importante practicar el autocuidado y priorizar tu salud mental y física. Esto puede implicar participar en actividades que promuevan la relajación y la reducción del estrés, como la meditación o el ejercicio, o buscar ayuda profesional si es necesario. Al cuidar tu salud mental y física, puedes desarrollar un sentido de resiliencia y fortaleza que te ayudará a mantener la motivación y la concentración en tus metas.

Otra estrategia efectiva para tomar riesgos es descomponer las metas grandes en pasos más pequeños y alcanzables. Esto significa establecer metas a corto plazo que conduzcan a tus objetivos más grandes y celebrar tu progreso en el camino. Al descomponer tus metas en pasos más pequeños y manejables, puedes construir impulso y mantener la motivación hacia tus objetivos.

Finalmente, es importante recordar que tomar riesgos implica un grado de incertidumbre e imprevisibilidad. Si bien esto puede ser intimidante, también es una parte esencial del crecimiento y el descubrimiento. Al aceptar la incertidumbre y salir de tu zona de confort, puedes descubrir nuevas oportunidades y alcanzar tu máximo potencial.

En conclusión, tomar riesgos y aceptar el cambio es esencial para el crecimiento y desarrollo personal. Al identificar tus metas y aspiraciones, estar abierto a nuevas oportunidades y experiencias, cultivar una mentalidad de crecimiento, desarrollar un sistema de apoyo, practicar el autocuidado, descomponer las metas grandes en pasos más pequeños y mantener la flexibilidad ante la incertidumbre, puedes tomar riesgos y alcanzar tu máximo potencial.

CAPÍTULO 10

Creando tu propio camino

Cómo forjar tu propio camino y marcar la diferencia

Muchos de nosotros nos obsesionamos con tratar de crear La Vida Perfecta. Nos han dicho que este es el camino hacia la felicidad, ¿verdad? Sigue el camino prescrito: hitos, experiencias, títulos y posesiones, y si eres lo suficientemente 'bueno', aprenderás tu felicidad.

Este es uno de los principales mitos de la Felicidad Antigua que nos mantiene miserables. Seguir el camino prescrito solo te hará feliz si eso es lo que real y auténticamente deseas.

¿Qué te hará feliz? Crear un camino que sea adecuado para ti.

Cada uno de nosotros es completamente único, lo que significa que cada vida debe ser completamente única. Eres el único que puede definir cómo se ve una buena vida para ti. Es tuya para imaginar, diseñar y refinar". (TNH, s.f.)

Todos somos individuos únicos con nuestros propios valores, pasiones y aspiraciones. Crear tu propio camino en la vida significa forjar un camino que se alinee con tus valores personales y metas, y marcar una diferencia en el mundo. Aquí hay algunas estrategias para crear tu propio camino y marcar la diferencia.

El primer paso para crear tu propio camino es identificar tus valores personales y metas. Esto significa pensar en lo que es más importante para ti, lo que te motiva y lo que quieres lograr en tu vida personal y profesional. Al identificar tus valores personales y metas, puedes desarrollar un sentido de propósito y dirección que te guíe en tus decisiones y acciones.

Otro aspecto importante de crear tu propio camino es estar abierto a nuevas oportunidades y experiencias. Esto significa estar dispuesto a correr riesgos, probar cosas nuevas y perseguir tus pasiones. Al estar abierto a nuevas oportunidades y experiencias, puedes ampliar tus horizontes y descubrir nuevas oportunidades de crecimiento personal y profesional.

También es importante cultivar una mentalidad de crecimiento y abrazar los desafíos como oportunidades de aprendizaje y crecimiento. Esto significa estar dispuesto a salir de tu zona de confort y enfrentar nuevos desafíos, incluso si son difíciles o inciertos. Al abrazar los desafíos como oportunidades de crecimiento, puedes desarrollar la resiliencia y la creatividad necesarias para superar obstáculos y alcanzar tus metas.

Otra estrategia efectiva para crear tu propio camino es buscar mentoría y orientación. Esto puede implicar conectarse con un mentor o coach que pueda brindarte orientación y apoyo, o buscar una comunidad de personas con ideas afines que puedan ofrecer comentarios y aliento. Al buscar mentoría y orientación, puedes aprender de las experiencias de los demás y evitar errores comunes.

También es importante ser persistente y resiliente en la búsqueda de tus metas. Esto significa mantener el enfoque y el compromiso con tus metas, incluso frente a obstáculos y contratiempos. Al ser persistente y resiliente, puedes superar desafíos y alcanzar tus objetivos.

Otra estrategia efectiva para crear tu propio camino es contribuir a tu comunidad y marcar la diferencia en el mundo. Esto puede implicar ofrecer tu tiempo y recursos como voluntario, abogar por causas que se alineen con tus valores o iniciar tu propia organización sin fines de lucro o empresa social. Al contribuir a tu comunidad y marcar la diferencia en el mundo, puedes crear un legado que refleje tus valores y pasiones.

Finalmente, es importante priorizar el cuidado personal y mantener un equilibrio saludable entre el trabajo y la vida personal. Esto significa cuidar tu salud mental y física, establecer límites y priorizar tu tiempo, y practicar técnicas de relajación y reducción del estrés. Al priorizar el cuidado personal y mantener un equilibrio saludable entre el trabajo y la vida personal, puedes mantener tu energía y motivación a largo plazo.

En conclusión, crear tu propio camino en la vida significa forjar un camino que se alinee con tus valores personales y metas, y marcar una diferencia en el mundo. Al identificar tus valores personales y metas, estar abierto a nuevas oportunidades y experiencias, cultivar una mentalidad de crecimiento, buscar mentoría y orientación, ser persistente y resiliente, contribuir a tu comunidad y priorizar el cuidado personal, puedes crear una vida gratificante y significativa que marque la diferencia en el mundo. Recuerda, no estás solo y tus logros son el resultado de tus propias habilidades y esfuerzos combinados con tu fe en un Poder Superior.

Works Cited: TNH. (s.f.). Thenewhappy. Recuperado de thenewhappy.com

★ CAPÍTULO 11 ★

El Síndrome del Impostor

Comprender y Superar la Duda de Uno Mismo

"No tienes que ser un experto. Nadie espera que seas un experto. Lo único que necesitas hacer es presentarte y ser tú mismo."

— Ruth Soukup

El Síndrome del Impostor es un fenómeno psicológico descubierto y estudiado en los años 70 por las psicólogas Pauline Clance y Suzanne Imes; es un síndrome que afecta a individuos en diversos campos y profesiones. Se caracteriza por sentimientos persistentes de auto-duda, inadecuación y miedo a ser expuesto como un fraude, a pesar de evidencia de competencia y logros. Profundizaré en el concepto del síndrome del impostor, sus causas, manifestaciones y exploraré estrategias para superarlo.

1. Definición y Orígenes del Síndrome del Impostor:

El síndrome del impostor, también conocido como fenómeno del impostor, fue identificado por primera vez en la década de 1970 por las psicólogas Pauline Clance y Suzanne Imes. Se refiere a la creencia de que los logros de uno son el resultado de la suerte o el engaño en lugar de las propias habilidades. Este sentimiento de ser un "impostor" puede persistir a pesar de la validación externa y el éxito.

2. **Causas y Factores Contribuyentes:**

   El síndrome del impostor puede derivar de varios factores, incluyendo:

   a. Perfeccionismo: Las personas con síndrome del impostor a menudo establecen estándares irrealmente altos para sí mismas, lo que conduce a una autocrítica constante y miedo a no cumplir con las expectativas.

   b. Error de Atribución: Las personas tienden a atribuir sus éxitos a factores externos, como la suerte o la ayuda de otros, mientras atribuyen los fracasos a su propia falta de habilidad. Este pensamiento sesgado refuerza los sentimientos de ser un fraude.

c. Comparaciones y redes sociales: Las plataformas de redes sociales y las comparaciones constantes con los logros de otros pueden alimentar el síndrome del impostor. Ver los momentos destacados de otros puede crear un falso sentido de inadecuación.

d. Amenaza de Estereotipo: Las personas de grupos subrepresentados pueden experimentar el síndrome del impostor debido a la presión de refutar estereotipos negativos o sentir que no pertenecen.

3. **Manifestaciones del Síndrome del Impostor:** El síndrome del impostor puede manifestarse de varias formas, incluyendo:

a. Auto-duda: Cuestionar constantemente las propias habilidades, a pesar de evidencia de competencia.

b. Miedo al Fracaso: Evitar desafíos o no tomar riesgos debido al miedo a ser expuesto como un fraude.

c. Sobrecarga de trabajo: Compensar trabajando en exceso para demostrar el valor propio.

d. Descuento de Logros: Minimizar o desestimar los logros como suerte o coincidencia.

e. Ansiedad y Estrés: Sentir ansiedad o estrés por ser "descubierto" y enfrentar las consecuencias.

4. **Superar el Síndrome del Impostor:**

a. Reconocer y Aceptar: La conciencia es el primer paso. Reconoce el síndrome del impostor como una experiencia común y reconoce que tus sentimientos son válidos.

b. Desafiar Pensamientos Negativos: Desafía la auto-duda examinando evidencia de tus logros y reemplazando pensamientos negativos con afirmaciones positivas.

c. Buscar Apoyo: Comparte tus sentimientos con amigos de confianza, mentores o terapeutas que puedan proporcionar perspectiva y apoyo.
d. Abrazar el Fracaso: Entiende que el fracaso es una parte natural del crecimiento y el aprendizaje. Acepta los contratiempos como oportunidades de mejora.
e. Practicar la Autocompasión: Trátate con amabilidad y compasión. Celebra tus logros y practica el autocuidado.
f. Re-enmarcar el Éxito: En lugar de atribuir el éxito únicamente a factores externos, reconoce tus esfuerzos, habilidades y trabajo duro.

Conclusión:

El síndrome del impostor es una experiencia común que afecta a personas de todos los ámbitos de la vida. Puede obstaculizar el crecimiento personal y profesional si no se aborda. Al comprender las causas, manifestaciones e implementar estrategias para superar el síndrome del impostor, las personas pueden recuperar la confianza, reconocer su valía y alcanzar su máximo potencial. Recuerda, no estás solo, y tus logros son el resultado de tus propias habilidades y esfuerzos combinados con tu fe en un Poder Superior.

CAPÍTULO 12

Estándares vs. Expectativas

"Las expectativas son lo que imponemos a los demás, mientras que los estándares son lo que nos exigimos a nosotros mismos."

(Abramovici, s.f.)

Entender la diferencia entre estándares y expectativas es muy importante en el desarrollo personal y en cualquier tipo de relación, ya sea personal, laboral, profesional, etc.

El primer paso es definir los estándares y las expectativas; los estándares son los requisitos mínimos; no importa si se trata de un trabajo o cualquier tipo de estándar personal. Las expectativas, por otro lado, son las cosas que te gustaría ver en la relación, trabajo o negocio.

El factor clave es que los estándares no son negociables. No puedes flexibilizar los estándares por alguien, por situaciones que estén ocurriendo, o cualquier otro caso, no debes flexibilizar los estándares.

Sin embargo, ¡las expectativas son negociables!

Definitivamente puedes negociar las expectativas; Puedes tener expectativas bajas y estándares altos en tu vida.

En el Ejército, los estándares no son negociables, son los requisitos mínimos para realizar o completar una tarea, son como una biblia. Digamos que estamos hablando de entrenamiento, por lo que el estándar en ese entrenamiento es que el soldado aprenda XY y Z, ¿verdad? Y esas cosas no se pueden flexibilizar, si el soldado no cumple con el estándar, con el entrenamiento podemos llevarlo al estándar o, en última instancia, tendremos que dejar que el soldado se vaya.

Los estándares no cambian debido a una situación o una persona; y lo mismo se aplica en tu vida. Si tienes estándares en una relación o negocio, esos son los aspectos que no puedes alterar solo porque sí. Los estándares son algo que debes tener claramente establecido en tu mente, en tu corazón. Las expectativas son cosas que deberían o podrían suceder, pero no son obligatorias. Por ejemplo, digamos que el soldado se va de permiso (vacaciones) durante dos semanas y el soldado decide comer sin control, no hacer ejercicio en absoluto y regresa dos semanas después y reprueba la prueba de aptitud física del Ejército. En este caso, el soldado cumplía con el estándar antes de irse de vacaciones. Se esperaba que el soldado mantuviera esas habilidades básicas, buenos hábitos alimenticios y de entrenamiento físico por su cuenta y el soldado no lo hizo. Por lo tanto, regresa sin cumplir con los estándares porque lo que se esperaba de él no sucedió durante las dos semanas de permiso. Para establecer estándares y expectativas, debes entender tu valor y capacidad como persona o negocio; algunas personas quieren ser tratadas como reyes o reinas, pero no están listas para vivir en el palacio. ¡Conoce tu valor! Podemos llamar a eso autoestima, la forma en que te ves a ti mismo. Si bien se basa en tu propia perspectiva, debemos entender nuestro estatus y aceptar la crítica constructiva para crecer. Una vez que tengas una imagen clara, nadie puede alterar esa perspectiva. Es imperativo que entiendas que la autoestima es 100% tu responsabilidad. Solo entonces puedes establecer estándares y saber qué es aceptable y qué no lo es. "No aceptaré menos que esto".

"No aceptaré menos que esto, estos son mis estándares y limitaciones". Tener un valor claro te permitirá establecer un estándar claro.

No camines por ahí con pintura verde, pintando cada bandera roja que encuentres.

¡Ese es uno de los mayores errores que he visto! Algunas personas ven una bandera roja, algo que no les parece bien, y deciden ignorarla.

Hay un instinto y la persona sabe que hay algo detrás, algo está sucediendo, hay una bandera roja. A veces nos engañamos a nosotros mismos queriendo pintar (ignorar) todas las banderas rojas.

Al final del día, terminamos pagando el precio por permitir esas banderas rojas en nuestra vida.

Necesitamos tener una mentalidad clara de lo que queremos en la vida y debemos estar dispuestos a dejar ir cuando las banderas rojas van en contra de nuestros estándares o valores.

"Todos somos responsables de nuestras propias necesidades y deseos, así que la próxima vez que te encuentres en una situación que podría llevar a la decepción o la frustración, pregúntate: '¿Es esto un estándar o una expectativa?'"

(Abramovici, s.f.)

Referencias

Abramovici, A. (s.f.).

Koifman, N. (2023, julio). Forbes. Recuperado de Forbes.com.

TNH. (s.f.). Thenewhappy. Recuperado de thenewhappy.com

Victorino, R. (2023, septiembre). slab.com.

Santa Biblia NVI

Printed in the United States
by Baker & Taylor Publisher Services